차례

시간이란 무엇일까요? … 4
왜 세계 곳곳의 지금 시간이 다를까요? … 6
카멜레온처럼 바뀌는 시간 … 8
시간의 맨 처음 … 10

시간의 이름 – 과거, 현재, 미래 … 12
시간은 고무줄 같아요 … 14
느리게 살아 보아요 … 16
행성들에서 시간은 어떻게 달라질까요? … 18
별을 보며 과거로 떠나요 … 20

지구는 몇 살일까요? … 22
북극고래와 하루살이의 시간 … 24
나무의 나이를 세어 보아요 … 26
시간을 훔쳐 가는 도둑이 있어요 … 28
오래오래 사는 사람들의 이야기 … 30

가장 오래된 시계 … 32
시계추, 뻐꾸기, 자명종 … 34
스마트워치가 나오기까지 … 36
특별한 일을 하는 시계들 … 38
시계를 만드는 사람이 되려면 … 40
아름다운 시계탑의 무시무시한 이야기 … 42
시계를 잘 만드는 나라 … 44
아름다운 시계, 희귀한 시계 … 46
달력에 기록된 여러 가지 시간들 … 48

어느 시간에나 일하는 사람들이 있어요 … 50
시간 여행을 상상해 보아요 … 52
시간을 부르는 노래 … 54
시간을 그린 그림 … 56
새해 복 많이 받으세요 … 58

미래에 일어날 일을 알아내요 … 60
시간을 잘 지키는 사람들과 잘 어기는 사람들 … 62
금처럼 귀하고 약처럼 놀라운 것 … 64

옮긴이의 말 … 66

시간이란 무엇일까요?

지구에 대해 아무것도 모르는 외계인이
'시간이 무엇이냐'고 물어본다면 어떻게 대답해야 할까요?
사실 아프리카나 아마존에 사는 사람에게도
우리가 알고 있는 시간을 설명하기란 쉽지 않지요.
시간이란 과연 무엇일까요?

시간이란 무엇인가? 아무도 내게 묻지
않는다면, 나 자신은 시간이 무엇인지 알고 있다.
하지만 누군가에게 설명해 주어야 한다면,
나는 시간이 무엇인지 모른다. -성 아우구스티누스

철학자 헤라클레이토스는
'만물은 흐른다'라고 말했어요.
물에 들어갈 때마다 강의 흐름은 달라져서
같은 강에 두 번 들어가는 일은 없다고요.
물에 떠 있는 나뭇잎도, 물고기도,
일렁이는 물결도 그때그때 다르니까요.
그로부터 수천 년이 지나,
노벨 문학상을 받은 폴란드 시인
비스와바 쉼보르스카는
「두 번은 없다」라는 시를 발표했어요.

반복되는 하루는 단 한 번도 없다.
두 번의 똑같은 밤도 없고,
두 번의 한결같은 입맞춤도 없고,
두 번의 동일한 눈빛도 없다.

왜 세계 곳곳의 지금 시간이 다를까요?

비행기를 타고 베트남으로 가요.
비행 전에 시계를 보니 오전 10시예요.
그 시각, 베트남은 오전 8시이지요.

폴란드에도 가 볼까요?
한국이 오후 2시면, 폴란드는 오전 6시예요.
두 나라의 시차가 무려 여덟 시간이나 돼요.

시간이 빠른 곳도 있어요. 한국이 오후 2시면, 오스트레일리아는 오후 4시예요. 한국과 오스트레일리아를 여행하다 보면 생일을 두 번 보낼 수 있을지 몰라요.

여름마다 시간을 앞당기는 '서머 타임'을 두는 나라와는 계절별로 시차가 바뀌기도 해요.

바르샤바

뉴욕

지구본에는
북극점과 남극점을 잇는
'본초 자오선' 사이로
24개의 시간 구분선이
세로로 길게 뻗어 있어요.

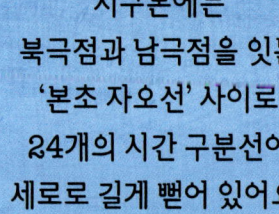
시드니

서울

1884년에는 영국의 그리니치 천문대를 지나가는
'그리니치 자오선'을 기준선으로 정했어요.
자오선 위에서 양쪽으로 다리를 벌리고 서면
한 발은 지구의 동쪽 반구에,
다른 한 발은 서쪽 반구에 있는 거예요.

지금은 그리니치 자오선에서 102미터 떨어진 본초 자오선을
기준으로 삼아서 그리니치 천문대는 관광 명소로 자리 잡았지요.

아득한 바다에서 항해하는 배를 위해
1675년에 세워진 그리니치 천문대.
지금은 런던 하늘의 빛 공해로 이름만 남았어요.

미국, 캐나다, 브라질, 러시아, 오스트레일리아처럼
땅이 넓은 나라는 동쪽과 서쪽의 시간이 달라요.
아 참, 어떤 시간대에도 속하지 않는 곳이 있어요!
바로 자오선의 끝점에 있는 남극점과 북극점이에요.

7

카멜레온처럼 바뀌는 시간

사람들은 왜 계절에 따라 시간을 당겼다가 밀었다가 할까요?
서머 타임에 대해 자세히 알아보아요.

유럽의 여러 나라는 매년 3월 마지막 일요일 오전 1시에 서머 타임을 시작했다가
10월 마지막 일요일에 오전 2시, 원래의 시간으로 돌아와요.
3월 말에 서머 타임이 시작되는 걸 까먹었다가
평소대로 9시에 일어난다면 10시에 일어나는 것과 같아요.
또 서머 타임이 끝난 10월 말에는 9시에 일어나도 시계는 8시를 가리키고 있을 거예요.

서머 타임은 해기 떠 있는 시간에
활동량을 늘리기 위해 만든 제도예요.
해가 떠 있는 동안에는 집에 불을 꺼 놓을 수 있고
밤보다 낮에 운전을 하는 게 더 안전하지요.
태양 아래서 시간을 많이 보낼수록
기분이 더 좋아진다는 것도 의학적으로 밝혀졌어요.

제1차 세계 대전이 한창이던 1916년,
전쟁 중에 연료를 절약하려고
독일에서 처음 서머 타임을 시작했어요.

1784년, 미국에서 벤저민 프랭클린이
여름엔 시간을 조정해야 한다고 주장했어요.

1907년에는 영국의
건설업자 윌리엄 윌렛이 '태양의 낭비'를
주장하며 서머 타임을 적극 추천했죠.
물론 한국이나 일본, 중국처럼
서머 타임을 적용하지 않는 나라도 있어요.
러시아는 2014년에 서머 타임 제도를 없앴고요.

최근 들어 서머 타임을 없애는 나라가 점점 늘어나고 있어요.
시도 때도 없이 컴퓨터 같은 생활 전자 기기를 사용하니까요.
그뿐인가요, 서머 타임이 사람의 기분에 부정적인 영향을 주고 수면을
방해하거나 집중력을 떨어뜨린다는 연구 결과도 속속 나오고 있답니다.

시간의 맨 처음

5783년이에요.

1445년이에요.

달력에서 사용하는 '서기 2023년'은
이슬람 달력에서는 '1445년'이에요.
예언자 무함마드가 이슬람의 성지를 메카에서 메디나로
옮긴 해를 새로운 시대가 열린 해로 기념했거든요.
유대교에서는 인간이 만들어진 날을 기준으로 하여 5783년이고요.
우리나라도 단군이 즉위한 해부터 시작하는 '단기'를 썼다가
1962년부터는 '서기'를 쓰고 있답니다.

기독교에서는 시간을 기원전과 기원후로 구분해요.
예수가 세상에 태어나기 이전을 기원전(BC)이라 하고,
예수가 태어난 시점 이후를 기원후(AD)라고 하지요.
기원전의 시간은 큰 숫자에서 작은 숫자로,
기원후의 시간은 작은 수에서 큰 수로 시간의 흐름을 나타내요.

예수의 탄생

BC 1550 BC 1500 BC 1450 BC 1400 1년 AD 1400 AD 1450 AD 1500 AD 1550

기원전 | 기원후

525년에 교황 요한 1세가
'주님의 해(Anno Domini)'라는 말을 처음 사용하면서
기원후를 표기하는 약자 'AD'가 나왔어요.
그렇다면 예수는 언제 태어났을까요?

교황 요한 1세

예수의 제자인 마태와 누가는
예수의 탄생에 대해 말을 아꼈지만,
그들이 남긴 말에 의하면 기원전 4년에서
기원후 6~7년 사이로 추측해요.

동방 박사가 목격한 베들레헴의 별과 관련된 이야기도 있어요.
학자들에 따르면 이 별은 기원전 5년에 70일 동안 관측된 혜성이었어요.
그렇지만 우리의 시대는 예수의 탄생일부터 날을 세는데 예수가 그보다 더 일찍 태어났다니,
이 주장도 말이 안 돼요! 훗날, 사람들은 교황 요한 1세 시대에 살았던 가톨릭 사제 디오니시우스가
날짜를 잘못 계산한 것을 아무도 바로잡지 않았다는 걸 알았답니다.

    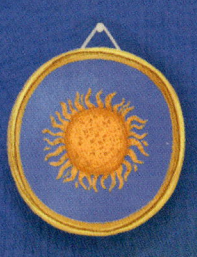

옛날에는 명절처럼 반복되는 날이나 사건을 바탕으로 시간을 확인했어요. 농경 사회에서는 계절, 일출과 일몰, 달의 변화 주기와 같은 자연 현상을 따랐고요.

지금도 설날이나 추석, 크리스마스처럼 반복해서 돌아오는 기념일을 중요하게 여겨요. 사랑하는 사람들과 함께 시간을 보내면서 과거를 기억하고 미래를 맞이하지요.

시간은 고무줄 같아요

한 시간은 60분,
이건 변하지 않는 사실이에요.
그렇지만 가끔 시간이
고무줄처럼 쭉 늘어났다가
확 쪼그라드는 느낌이 들지 않나요?

사람의 뇌는 나이나 기분, 혹은 경험한
일의 좋고 나쁨에 따라
시간의 흐름을 다르게 인식해요.

처음 겪는 일이 많은 어린이들은 세상을
주의 깊게 바라보고 지식을 습득하다 보니
시간이 아주 천천히 흘러가요.
반대로 세상을 많이 경험하고
지식을 쌓아 온 어른들은
새롭게 받아들이는 일이 점점 줄어들어
시간이 쏜살같이 흐르지요.

시간에 집중하고
계속 신경을 쓸 때면
시간은 느리게 흘러가요.
병원 대기실에서 순서를 기다릴 땐
시간이 멈춘 것 같지만,
재미있는 잡지를 읽다 보면
날 부르는 소리도 놓치기 일쑤예요.

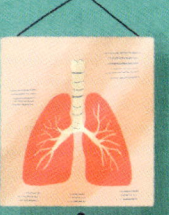

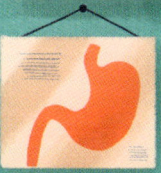

만약 팔이 부러졌다면
아파서 눈물이 나고,
앞으로 얼마나 불편하게
생활해야 할까 걱정되고,
그 모든 상황에
짜증이 나겠지요.
그렇게 시시각각
여러 감정으로 변하면
시간이 빠르게 흘러가요.

그런가 하면, 아이스크림을 먹거나 높은 산 정상에서
멋진 풍경에 반한 순간에는 시간이 천천히 흐르지요.

느리게 살아 보아요

학교를 마치고 학원과 수영장에 숙제까지 하느라
정신없이 지내는 시간을 잠시 멈추고 주위를 둘러보세요.
끼니를 대충 때우고 휴대 전화만 들여다보지 말고
식탁에 둘러앉아 가족들과 정답게 이야기를 나누어 봐요.
시간을 조절하여 천천히 흐르게 할 수 있다는 사실에
놀랄 거예요. 이렇게 느긋한 일상을 '슬로 라이프'라고 해요.

슬로 라이프에는 가까운 사람들과
영양가 좋은 음식을 나눠 먹는 '슬로푸드'가 있어요.

1986년, 이탈리아에서는 맥도날드의 정크 푸드를 반대하면서
지역 전통 식품을 살리고 자연환경을 보존하자는 '슬로푸드 운동'이 펼쳐졌어요.
이렇게 슬로 라이프는 우리의 생활에 깊숙이 스며들고 있어요.

티셔츠 한 장을 만들려면
물 2,700리터가 필요해요.
한 사람이 3년 동안 마시는
물의 양과 비슷하지요.
그러니 유행을 타지 않는 옷을 골라 사 입고,
가능하면 물려 입거나 헌 옷을
새 옷처럼 수선하여 입는 것은 어떨까요?
의류 폐기물을 줄이면서 지구를 돌보는
'슬로 패션'이 요즘에는 큰 인기니까요.

관광 명소나 고급 호텔에서
편히 지내는 것보다
현지의 말과 문화를
알아 가는 '슬로 관광'을
떠나 보는 건 어때요?

슬로 라이프는 우리가 지금 이 순간을
충실하게 살아갈 수 있도록 소소한 기쁨을 가득 채워 줘요.

행성들에서 시간은 어떻게 달라질까요?

'하루가 48시간이라면 얼마나 좋을까!
다른 행성에서도 이렇게 시간이 빠르게 지나갈까?'

태양계의 모든 행성은 태양을 중심으로 공전할 뿐만 아니라
자신을 중심으로 자전하기도 해요.
하루는 자전축을 중심으로 행성이 한 바퀴 도는 시간을 말하고요.
그러니 행성마다 하루의 시간은 각기 다르답니다.

수성
하루 = 176일
1년 = 88일

하루 = 24시간
1년 = 365일

지구

금성
하루 = 243일
1년 = 225일

화성
하루 = 24시간 40분
1년 = 687일

행성이 자전축을 중심으로 도는 속도가 빠를수록 행성의 하루는 짧아져요.
따라서 목성과 토성의 하루는 약 10시간, 해왕성의 하루는 16시간,
천왕성의 하루는 17시간이에요.
지구의 하루보다 훨씬 더 빨리 흘러가지요.
하지만 수성에서의 하루는 지구의 176일, 금성의 하루는
지구의 243일에 해당하니 하루가 꼭 1년 같을 거예요.

지구가 태양을 중심으로 한 바퀴 도는 데
걸리는 시간이 365일이라서 1년이 365일이에요.
그렇다면 태양에서 멀리 있는 행성일수록 1년이 더 길겠지요.
목성과 토성, 천왕성과 해왕성의 시간을 보세요.
세상에, 다음 생일까지 얼마나 기다려야 하는 거죠?

이래도 시간이 빨리 간다고 투덜댈 건가요?

해왕성
하루 = 16시간
1년 = 165년

천왕성
하루 = 17시간
1년 = 84년

토성
하루 = 10시간
1년 = 29년

목성
하루 = 10시간
1년 = 12년

지구의 하루가
24시간이라는 건 누구나 알아요.
그렇지만 호텔의 하루는
대개 오후 2시에 시작하여
다음 날 오전 11시에 끝나요.
다음 손님을 맞이하기 위해
청소할 시간이 필요하거든요.

별을 보며 과거로 떠나요

지구에서 가장 가까운 별은 '프록시마 켄타우리'예요.
지구에서 약 40조 킬로미터, 다시 말해 4광년가량 떨어져 있어요.
지구에서 가려면 40년이나 걸리지요. 아마 우리는 그 별에
가 보지 못할 거예요. 그도 그럴 것이 40년이나 우주선이
비행할 수 있는 에너지를 얻을 수도 없고,
긴 여정을 견뎌 낼 우주 비행사를 구할 수도 없기 때문이에요.

지구에서 약 1억 5,000만 킬로미터 떨어진 태양에서 내리쬔 광선이
지구까지 오려면 8.5분 정도 걸려요. 이건 정말 엄청난 시간이에요.
눈앞의 나무에 매달린 나뭇잎에서 반사된 빛이
우리 눈에 닿기까지는 약 3나노초(1나노초는 10억 분의 1초예요)밖에
안 걸리거든요. 내가 지금 보고 있는 나무는 3나노초 전의 나무라는 뜻이에요.

우리 뇌는 눈앞에 보이는 것을 현재 상황이라고 알려 주지만, 사실은 착각하고 있는 거예요.

알헤나

우주 관측은 과거로의 여행이에요.
현재 보이는 안드로메다은하는 약 250만 년 전,
지구상에 인류가 최초로 나타났을 때의 모습이에요.
쌍둥이자리에서 세 번째로 밝은 별인 알헤나는
제1차 세계 대전이 끝났을 때의 모습이고요.
이렇게 망원경을 통해 우리는 과거의 모습을 보고 있어요.

혹시 영화에서 "여기는 휴스턴, 들리나요?"라는
대사를 들어 본 적이 있나요? 우주 비행 센터는 우주선이 착륙하고
3~4초가 지난 뒤에 우주 비행사와 교신해요.
빛과 마찬가지로 전파도 지구에 도달하기까지 시간이 걸리기 때문이에요.

여기는 휴스턴, 들리나요?

지구는 몇 살일까요?

우주에서 '빅뱅'이라는 대폭발이 일어나기 전,
우주는 작은 점 하나에 불과했어요.
하지만 빅뱅 이후 우주는
마치 효모 반죽처럼 점점 부풀어 올랐어요.

갑작스럽게 탄생한 우주의 나이는 쉽게 상상할 수 없어요.
최근 연구 결과로는 약 138억 2,000살이라고 하는데,
우주는 계속 팽창하고 있어서 이 결과가 언제 바뀔지는 아무도 몰라요.

아무것도 없는 상태에서 탄생한 지구의 나이는 약 46억 살이에요.
지구상에 생명체가 나타난 건 40억 년이 채 되지 않지요.
처음에는 바다에서 미세 박테리아가 하나둘 생겨났어요.
3억 년쯤 전에는 양서류와 파충류가 나타났고요.
약 2억 2,500만 년에서 6,500만 년 전에는 거대한 도마뱀이 공룡으로
진화했지요. 하지만 운석의 충돌과 화산 폭발 같은 자연재해로
공룡 시대는 끝이 나고, 기적적으로 작은 포유류만 살아남았어요.
그러다 호모 사피엔스가 나타나면서 인류의 역사가 시작되었답니다.

둥근 케이크를 스무 조각으로 나누고 그중 한 조각을 먹었다고 한들
케이크가 작아졌다고 말하긴 어려울 거예요. 기원전 4000년에 나타난
고대 수메르인의 문명도 마찬가지예요.
우주와 지구의 역사에 비할 게 못 돼요. 그러나 이 짧은 인류의 역사 속에서
인간은 바퀴의 발명부터 우주 비행까지 수많은 것을 이루었답니다.

북극고래와 하루살이의 시간

사람은 평균 70년 정도 산다고 하는데,
다른 동물들은 어떨까요?

「스폰지밥」의 주인공이 해면동물이란 걸 알고 있나요? 예로부터 장수들이 쓰는 투구 안쪽을 덧대는 쿠션으로 해면동물을 주로 사용했어요. 해면동물 중 나이가 가장 많은 므두셀라 스펀지는 1만 5,000년쯤 전부터 남극해의 차가운 물에서 살아요. 그리고 해면동물이 오래 사는 비결은 낮은 온도에서 세포가 매우 느리게 늙어 가기 때문이에요.

포유류 중에서는 북극고래가 가장 오래 살아요. 200년가량 사는 북극고래는 주로 북극해의 차가운 물에서 살아요. 가끔 공기를 들이마시려고 갈라진 얼음의 틈을 벌리기도 하지요. 몸길이가 약 20미터, 몸무게가 약 100톤인 북극고래는 높고 명쾌한 음색을 지닌 트럼펫과 비슷한 소리를 낸답니다.

세인트헬레나 섬에 사는 알다브라 육지거북인 '조나단'은 190살쯤 되는데, 몸무게가 250킬로그램이나 되고 다리는 기둥처럼 굵고 튼튼해요. 어디 그뿐인가요, 목이 1미터 높이의 나뭇가지에 닿을 정도로 길어요.

120살까지 사는 뉴질랜드의 카카포 앵무새는 새들 중에서 가장 오래 살아요. 닭처럼 날진 못해도 높은 나무의 꼭대기까지 두 발로 능숙하게 올라가지요.

동물들은 모두 오래 산다고요? 꼭 그렇지만도 않아요. 주로 물가에 사는 하루살이는 애벌레로 몇 년 동안 살 수 있지만, 성충이 되면 24시간밖에 살지 못해요. 알을 낳을 시간밖에 없는 거예요.

배와 머리가 물의 흐름을 느낄 수 있는 섬모로 덮여 있는 복모동물은 사흘쯤 살아요. 척추뼈와 두개골이 없는 무척추동물인데, 몸길이는 3밀리미터가 되지 않고 주로 큰 바다에서 살아요.

한 달 남짓 사는 꿀벌은 성실하고 책임감이 강해요. 그리고 그 짧은 기간에 인간이 평생 하는 일보다 더 많은 걸 해낸답니다!

25

나무의 나이를 세어 보아요

제가 살던 시골집 근처에는 아주 특별한 참나무가 있어요. 세 사람이 함께 감싸 안아야 할 정도로 커다란 나무가 몇 살쯤 되었을지 늘 궁금했어요.

폴란드의 바르테크 참나무는 685살이에요. 그리스의 부베스 올리브 나무는 3,000~5,000살쯤 되었고요. 미국의 므두셀라 소나무도 약 4,800살이 되었지요. 그렇지만 1만 6,000살로 알려진 미국의 사시나무 '판도'와는 견줄 수 없어요. 오래된 나무의 뿌리에서 뻗어 나온 판도는 축구장 60개 크기만 한 땅에 4만 그루가 넘는 나무처럼 보이지만 실제로는 한 그루예요.

부베스 올리브 나무

므두셀라 소나무

사실 우리도 줄자만 있다면 나무의 나이를 알아볼 수 있어요.
예를 들어 줄기의 둘레가 130센티미터인
참나무의 나이를 구해 볼까요? 참나무는 1년에
평균 2.5센티미터씩 자라니까 나무의 둘레를
2.5센티미터로 나누어 나이를 구하는 거예요.
단, 우리가 정확한 방법으로 나이를 구한 건 아니니까,
계산한 값에 20년을 더해서 나무의 나이를 헤아릴 수 있어요.
또 다른 방법으로는 벌목꾼들이 베어 낸 나무 단면의
둥근 고리인 나이테를 세어 보는 거예요.
오래된 나무일수록 나이테의 고리 개수가 많은데,
나이테의 수가 나무의 나이가 되기도 한답니다.

시간을 훔쳐 가는 도둑이 있어요

'오늘 할 일을 내일로 미루지 마라'라는 말을 들어 보았나요?
하기 싫은 숙제나 친구들과의 껄끄러운 대화를
나중으로 미루려 할 때 주로 듣는 말이에요.

꼭 해야 할 일을 뒤로 미루는 건 좋지 않은 습관이에요.
일이 하나둘 밀리면 나중에 뭘 먼저 해야 할지 알 수가 없어요.
하지만 텔레비전이나 휴대 전화의 유혹을 참기란 아무래도 어려운 일이겠지요.
현란하게 돌아가는 텔레비전 화면과, 친구들과 나누는 문자 대화를 어떻게 놓칠 수 있겠어요.

사람들은 하루에 네 시간쯤
텔레비전을 보는데, 이건 사는 동안
10년이란 시간을 허비하는 것과 같아요.
뿐만 아니라 휴대 전화도 보통 30분에
한 번씩 들여다본다는데,
그 시간에 책을 읽거나 친구들과 만난다면
얼마나 멋진 세상이 될까요?

정리 정돈을 못하는 사람들에게 방 청소는 가장 큰 골칫거리예요.
분명히 방에서 공책을 봤는데, 마치 발이 달린 듯 사라져 버려서 짜증도 날 거예요.
또 갑자기 집에 손님이 온다고 생각해 봐요.
화들짝 놀라서 방 청소를 하는 데에 시간을 몽땅 써야 할 거예요.

게으른 생활을 하면 더 많은 시간이 들어요.
한마디로, 소중한 시간을 낭비하게 된다는 거죠.

시간을 현명하게 채워 지혜롭게 쓰는 게 좋겠죠?

오래오래 사는 사람들의 이야기

동화 속 주인공은 영원히 살 수 있는
신비한 약이 담긴 병을 발견하여 평생 늙지 않고 살지요.

그러나 신비한 약이 없어도
아주 오래 사는 사람들이 있답니다.

성경에는 므두셀라가 969살까지 살았고, 노아는 950살에 죽었다고
나와요. 또 신들의 후손이라 일컫는 수메르의 왕들도 오래 살았어요.
기원전 2000년경, 수메르 왕들의 계보에는 수천 년 동안 수메르의
도시를 다스린 여덟 왕에 관한 이야기가 기록되었어요.
아무래도 불가능해 보이는 이 이야기는,
조상을 떠받들기 위해 조상의 일생을 늘린 결과라고 해요.

'모든 프랑스인의 할머니'라고 불렸던 잔 칼망은
122살 164일까지 건강하게 살다가 세상을 떠났어요.
할머니의 장수 비결이 궁금하지 않나요?
할머니는 건강한 식단도 중요하지만
잘 웃고 긍정적인 삶의 태도를 지녀야 한다고 했어요.
할머니는 유명한 화가 고흐를 만난 적이 있었는데,
그는 성격이 썩 좋지 않았다고 웃으며 말했지요.

'블루존'이라고 불리는
이탈리아의 사르데냐 섬,
그리스의 이카리아 섬,
일본 오키나와의 사람들은
건강하게 오래 살아요.
이곳 사람들은 운동을 즐기고,
온정이 넘치며, 잘 웃고,
건강에 좋은 음식을 먹어요.
그리고 무엇보다도 사람들과
항상 어울리며 살아가는
덕분에 장수를 누려요.

사람들의 수명이 길어진 건 얼마 되지 않았어요.
200년 전만 해도 전염병으로 많은 사람이 한꺼번에 목숨을 잃었어요.
아주 잘사는 사람들도 마흔 살을 넘기기 어려웠지요.
그러다가 백신이 개발되면서 사람들의 수명이 이전보다 두 배로 늘어났어요.

그래서일까요, 옛날에는 여자아이가
열네 살쯤 되면 결혼을 했고,
스무 살이 넘으면 노처녀로 불렸어요.

가장 오래된 시계

시계는 5,500년 전부터 사용되었어요. 중세 중국에서는 아침에 일어날 때에 자명종을 이용했어요. 그럼 시간을 알려 주는 시계에 대해 좀 더 자세히 알아볼까요?

최초의 시계이자 가장 오래된 시계는 이집트에서 발견된 해시계 '노몬'이에요. 이것은 지구가 태양을 공전하는 것을 이용한 시계예요. 해가 잘 드는 땅에 막대기를 꽂아 두고 시시각각 변하는 태양의 위치와 막대기 그림자의 길이로 시간을 측정했지요. 훗날 막대기 그림자의 둘레에 원을 그려서 24개로 나눈 시계 눈금판이 탄생했어요.

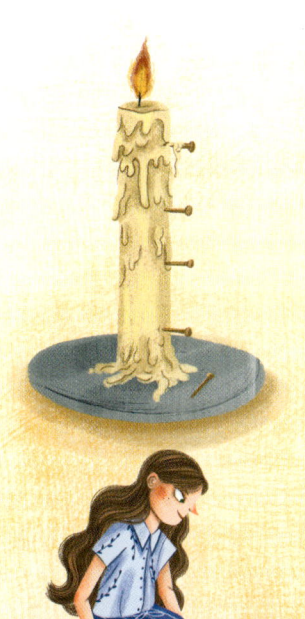

5,000년 전에 발명된 '불시계'는 약 1미터 길이의 초에 금속 못을 박았어요. 촛농이 녹으면서 못이 차례대로 금속 받침대에 떨어지는 걸 통해 시간을 알 수 있었지요.

불시계의 일종인 '등잔불'은 기름통 겉면에 눈금이 그려져 있었어요. 램프 안의 기름이 줄어드는 것으로 시간이 흘러가는 것을 알았어요.

유리병 두 개가 서로 주둥이를 맞대고 있는 모양의 '모래시계'는 3,500여 년 전에 나왔어요. 홀쭉한 부분의 작은 구멍을 통해 모래가 위에서 아래로 일정하게 이동하는 모래시계는 15분, 30분, 한 시간짜리가 있어요. 안타깝게도 하루짜리는 없지요. 요즘에는 달걀 삶는 시간을 재기 위해 사용하는 경우가 많아요.

16세기 초, 페터 헨라인은 '뉘른베르크의 달걀'이라고 불리는 기계식 휴대용 시계를 세계 최초로 만들었어요. 청동으로 만든 원통 냄비 같은 이 시계는 원통 뚜껑에 시계 케이스를 두고, 원통 안에 기계 장치를 숨겨 두었어요. 또한 회전식 스프링으로 시계를 작동시켜 세상을 깜짝 놀라게 했어요.

시계추, 뻐꾸기, 자명종

크리스티안 호이겐스

1656년, 물리학자이자 천문학자인 크리스티안 호이겐스는 진자시계를 발명했어요. 길이에 따라 정확한 시간 간격으로 흔들리는 진동자를 이용한 것으로, 맞춤 키를 구멍에 넣어 태엽을 감아 주어야 했어요.

진자시계는 온도나 압력을 비롯해 아주 작은 진동에도 민감하게 반응해요. 그래서 다양한 크기의 캐비닛 안에 넣어 두었지요.

뻐꾸기시계는 우리가 가장 잘 알고 있는 진자시계예요. 정해진 시간이 되면 나무로 만든 뻐꾸기가 날개와 꼬리를 움직이면서 자동으로 부리를 벌리고, 두 개의 오르간 파이프에서 뻐꾸기와 비슷한 소리를 내요. 겉만 번지르르하고 성능이 떨어지는 시계로 여겨지던 뻐꾸기시계는 곧 큰 인기를 얻었지요.

불면증을 앓아 똑딱이는 시계 소리를 유독 싫어했던
교황 알렉산데르 7세를 위해 캄파나 형제는 저소음 시계를 만들었어요.
형제는 한밤중에도 시간을 확인할 수 있도록 케이스 안쪽에 양초를 넣고,
시계 눈금판을 뚫어 구멍 사이로 불빛이 보이게 했어요.
양초 심지의 열기를 내보낼 굴뚝도 만들었지요.

자명종이 나오기 전에 사람들은
어떻게 아침 일찍 일어났을까요?
중국인들은 불을 붙인 실에 못이나 무거운 구슬을 건
불시계를 이용해 잠자는 사람을 깨웠어요.
중세 유럽에서는 도시 성문을 열고 닫는
파수병들이 자명종 역할을 했지요.
산업과 철도가 발전한 뒤에는 정해진 시각에
일어나 출근하기 위해 긴 막대기로 창문을 두드려서
잠을 깨우는 '노커어퍼'에게 부탁했어요.
그리고 지금은 휴대 전화의 알람이 우리를 깨워 줘요.

스마트워치가 나오기까지

요즘에는 손목시계보다 휴대 전화로 시간을 확인해요.
손목시계가 처음 나왔을 때에도 마찬가지였어요.
그저 팔에 낀 사치스러운 장식품으로 여겼어요.

최초의 손목시계는 1571년, 영국의 백작이
엘리자베스 1세 여왕에게 바칠 선물로
만들었어요. 당시에는 여왕도 손목시계를
비싼 보석이 달린 팔찌로 생각했다지 뭐예요.

1810년에는 아브라함 루이 브레게가 시간을 정확하게 재는
기계식 손목시계를 개발했어요. 그러나 시민, 상인, 법률가들은
여전히 줄이 달린 납작한 회중시계를 갖고 다녔지요.

손목시계가 대량 생산되기 시작한 건 제1차 세계 대전을 겪으면서부터예요.
사방에서 총알이 날아다니는 전쟁 중에 군인들은
뚜껑을 열어 시간을 확인해야 하는 회중시계가 불편하기 짝이 없었지요.

손목시계의 진정한 혁명은
1969년에 일어났어요.
일본 회사 세이코는 작고 납작한 전지로
움직이는 '수정 발진기 시계'를 개발했어요.
비싼 태엽이 아니라 값싼 전지로 작동하는
손목시계는 빠른 속도로 세계를 정복했어요.

1970년대에는 조지 티에스가 세계 최초로
숫자가 표시되는 전자시계를 선보였어요.
이 시계는 영화 「007」 시리즈의 주인공인
제임스 본드의 시계로 더욱 유명해요.

지금 우리는 타이머, 달력, 계산기 등 여러 기능을 가진
스마트워치 시대에 살고 있어요. 스마트워치로 걸음 수를 세고,
맥박을 재며, 문자를 주고받아요. 심지어는 결제도 할 수 있지요.

휴, 이 모든 것이 사치스러운
장식품에서 시작되었다니!

특별한 일을 하는 시계들

달리기나 요트, 체스를 좋아하나요?
아빠가 비행기 조종사인가요?
그렇다면 이번 이야기에 관심이 많을 거예요.

스톱워치

스톱워치는 달리기나 수영, 자전거 타기, 빨리 달리기와 오래 달리기를 할 때 주로 사용해요. 매일 정해진 시간에 규칙적으로 운동하는지 확인할 수도 있어요. 순간의 차이로 승부가 결정되는 운동 경기에서는 아주 미세한 기록 차이까지 잡아내고, 정확한 순간에 멈추지요.

크로노미터

제임스 쿡

18세기에 영국의 항해사 제임스 쿡이 폴리네시아의 섬으로 떠난 두 번째 항해에서 처음 사용한 크로노미터는 바다 한가운데에서 경도를 측정해요. 단 몇 초라도 어긋나면 항로에서 벗어나기 때문에 크로노미터는 매우 정교했죠. 그래서 크로노미터가 주변 환경에 영향을 받지 않도록 나무 상자에 보관했어요. 지금은 전자식 시계를 사용하지만, 비상 상황을 대비하여 크로노미터를 꼭 챙긴답니다.

파일럿 워치

파일럿 워치는 20세기 초에 브라질의 괴짜 비행사 알베르토 산토스 뒤몽을 위해 만들어졌어요. 비행 중에는 회중시계가 불편하다는 뒤몽의 투정을 친구이자 유명 보석상이었던 까르띠에가 기억했다가 친구를 위해 새로운 시계를 만들었지요. 까르띠에는 사각 시계판에 어둠 속에서도 빛을 내는 시곗바늘과 시계 옆면에 시간을 맞출 수 있는 태엽 꼭지를 튀어나오게 달았어요. 장갑을 끼고 조종하는 파일럿이 시계를 쉽게 조작할 수 있도록 말이에요. 이제는 조종실에 위성 항법 장치가 설치되어 시계를 볼 필요가 없어요. 그러니 파일럿 워치를 차려고 파일럿이 될 필요도 없어졌답니다.

체스 시계

1964년 소비에트 연방에서 만들어진 체스 경기용 시계는 케이스 하나에 따로 작동하는 시계가 두 개예요. 각각의 시계에는 눈금판, 버튼, 분침에 의해 올라가는 깃발이 달려 있어요. 선수는 게임을 시작하면서 자기 쪽 시계 위에 있는 버튼을 눌러 상대가 둘 차례임을 알려 줘요. 그렇게 선수들은 게임 내내 번갈아서 시계를 돌리며 체스 경기를 이어 가요.

시계를 만드는 사람이 되려면

시계를 만드는 시계공은 질병을 진단하고,
무균 상태에서 정밀하게 수술하는 의사와도 같아요.
자동차를 수리하는 정비사 같기도 하고,
언제나 깊은 사랑을 주는 엄마와도 같지요.
또 레오나르도 다 빈치처럼 과학과 수학 등
여러 분야를 꿰뚫어 봐야 해요.

옛날에는 시계공이 시계의 설계와 디자인, 완성한 뒤의 수리까지
모두 관여했는데, 지금은 주로 시계를 수리하는 일만 해요.
시계에 문제가 생겨 작동되지 않으면 시계공은 장치를 모두 열어 꼼꼼하게 살펴보아요.
그리고 수리가 끝나면 시계 클리너로 깨끗하게 닦고, 시계 오일러로 부품에 윤활유를 바르지요.

시계공은 시계 케이스를
바꾸거나 윤을 내고,
시곗바늘을 교체해요.
시곗줄이나 팔찌를
바꿔 달아서 새것처럼
만들기도 하죠.
분명한 건 인내심이 있고
꼼꼼한 사람에게 알맞은
직업이란 거예요.

알프레드 헬위그

시계를 만드는 사람이 되려면
어떻게 해야 할까요?
우리나라에는 전문 학교가 없지만
독일의 '알프레드 헬위그 시계
제작 학교'에서 공부하는 방법이 있어요.
혹은 어느 시계 회사에서 교육을 받고
회사의 서비스 기술자가 될 수도
있지요. 다만 전문 지식을 배우는 게
아니라서 크고 작은 시계 수리만
맡게 될 뿐, 시계를 직접 만들기는
어려울 거예요.

요즘에는 시계를 수리하기보다 새 시계를 사다 보니
시계공이라는 직업도 서서히 잊히고 있어요.
하지만 '느리게 살기'나 '단순하게 살기'를
실천하다 보면 시계공이 활약할 날이 오지 않을까요?

아름다운 시계탑의 무시무시한 이야기

옛날에는 도시의 성벽에 시간을 알려 주는 시계탑이 있었어요. 시계가 귀했던 그때는 시계탑을 중심으로 도시의 삶이 흘러갔지요. 물론 지금도 시계탑이 도시의 상징인 곳이 많아요.

프랑스 페르피냥의 교회 탑에는 눈금판이 세 개 달려 있어요. 위쪽 눈금판은 시간을 알려 주고, 가운데 눈금판은 별자리를, 아래쪽 눈금판은 달의 주기를 표시해요.

1834년, 런던의 템스 강변에 있는 웨스트민스터 궁전에 큰불이 났어요. 궁전은 곧 다시 지어졌고, 1859년 그 자리에 빅 벤이 탄생했어요. 빅 벤은 종을 가리키지만 사람들은 '빅 벤 시계탑'이라고 불러요. '빅 벤'은 이 시계탑의 건설 책임자였던 벤저민 홀의 별명에서 따온 이름이지요. 매일 오후 6시와 자정이 되면 라디오에서 빅 벤의 종소리를 들을 수 있어요. 시계탑의 4면에는 세계에서 가장 큰 자명종이 달려 있는데, 각 눈금판은 반짝이는 유리 조각 312개로 이루어졌어요. 눈금판 아래에는 '신이시여, 우리 여왕 빅토리아 1세를 지켜 주옵소서'라고 적혀 있어요.

체코 프라하의 시청사 시계탑에는 무시무시한 이야기가 전해져요.
아름다운 시계탑을 만든 장인 하누스가 두 번 다시 시계탑을 만들지 못하도록
눈을 망가뜨린 거예요. 시계는 황도 12궁과 1~12월을 보여 줘요.
또 매일 정시가 되면 움직이는 12사도와 종을 치는 해골,
거울을 보고 있는 허영심 많은 사람, 돈주머니를 든 구두쇠와
투르크인 인형들이 탑의 발코니로 나와 사람들의 눈길을 사로잡아요.

이탈리아 베네치아의 산 마르코 광장에는
500년이 넘는 시간 동안 자리를 지키고 있는
'토레 델로롤로조'라는 시계탑이 있어요.
시계탑 위쪽에는 도시의 수호성인 산 마르코의
날개 달린 사자가 있고, 그 아래쪽에는 성모 마리아와
아기가 있어요. 매년 1월 6일이 되면,
탑의 발코니에서 동방 박사 모형이 모습을 드러내요.

폴란드 바르샤바의 문화 과학 궁전에 있는 시계탑은
유럽에서 가장 큰 시계탑 중 하나예요. 라틴어로 '1000'을 의미하는
'밀레'와 해를 뜻하는 '안누스'에서 따온 '밀레니엄 시계탑'이라는
이름을 가지고 있어요. 이 시계탑은 새천년이 시작된
2000년에서 2001년으로 넘어가는 자정에 처음으로 시간을 알렸어요.

시계를 잘 만드는 나라

스위스 시계는 얼마나 튼튼한지 고장이 나거나 망가지는 법이 없어요.
스위스는 어떻게 시계 산업에서 으뜸이 되었을까요?

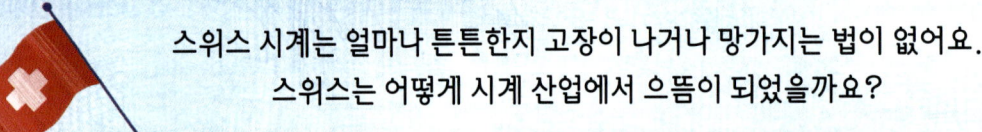

300여 년 전, 산악 국가인 스위스는 농사를 지을 땅이 부족하여 늘 배고픔에 허덕였어요. 반면 이웃 나라 프랑스에는 성실한 개신교도들이 시계 산업을 앞서 이끌며 승승장구했지요. 그런데 개신교와 가톨릭교의 전쟁이 일어나면서 프랑스에 있던 개신교도들은 스위스로 피난을 떠나야 했어요. 그렇게 스위스로 온 프랑스의 개신교도들은 스위스에서 시계 산업을 꽃피웠어요.

뛰어난 시계 장인이었던 아브라함 루이 브레게는 1775년에 시계 회사 '브레게'를 설립했어요. 브레게의 시계는 유럽 왕실에서 큰 인기를 끌었어요. 브레게의 유명한 작품 중 하나인 '심파티크 시계'는 세련되고 고급스러운 디자인에 신기술이 장착된 시계를 찾고 있던 오를레앙 공작의 의뢰로 만들어졌어요.

윗부분의 장식이 아주 화려한 케이스에 들어 있는 심파티크 시계는 황금 사자 두 마리가 떠받치는 멋진 홈에 회중시계가 놓여 있었어요. 공작이 외출하면서 회중시계를 빼 가면 모노그램 메달이 회중시계가 있던 자리를 채웠어요.

1845년 폴란드인 앙뜨와르드 파텍과
프랑스의 시계 장인 장 아드리앙 필립이
공동 설립한 '파텍 필립'은 시계의 대중화에
앞장선, 시계 산업의 선구자라고 할 수 있어요.
왕실이나 유명한 과학자, 작곡가,
화가들이 파텍 필립의 시계를 즐겨 찾았어요.

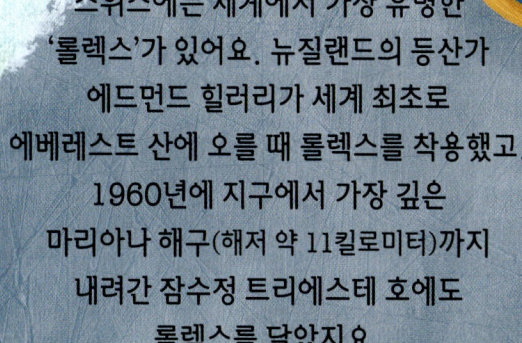

스위스에는 세계에서 가장 유명한
'롤렉스'가 있어요. 뉴질랜드의 등산가
에드먼드 힐러리가 세계 최초로
에베레스트 산에 오를 때 롤렉스를 착용했고,
1960년에 지구에서 가장 깊은
마리아나 해구(해저 약 11킬로미터)까지
내려간 잠수정 트리에스테 호에도
롤렉스를 달았지요.

스위스 시계를 대표하는 '론진'은 미국의 비행사
찰스 린드버그가 대서양을 횡단하며 비행 시간을
측정할 때 착용했는데, 그 덕분에 파일럿을
위한 시계를 개발하는 데 큰 도움을 주었어요.

아틀란틱 시계의 상표는 나침반과 닻으로
이루어진 알파벳 'A'의 모습인데,
이는 대서양(Atlantic)을 의미해요.
스톱워치 기능을 갖춘 세르티나 시계는
운동선수들이 주로 사용해요.

45

아름다운 시계, 희귀한 시계

다이아몬드가 박힌 팔찌에, 시계 케이스에는
반짝이는 금이 씌워진 손목시계라면 잠깐이라도 차 보고 싶지 않나요?

헨리 그레이브스

2014년 11월 11일, 소더비 경매에는 세계에서 가장 비싼 회중시계인 파텍 필립의 '헨리 그레이브스 슈퍼컴플리케이션(복잡한 시계)'이 나왔어요. 무려 7년에 걸쳐 만들어진 이 시계는 1933년에 은행가 헨리 그레이브스가 주문했어요. 헨리는 자동차 공장주인 제임스 워드 패커드와 희귀하고 아름다우며 값비싼 보석 시계를 누가 더 많이 갖는지 경쟁했대요. 그리고 헨리가 파텍을 주문했다는 소식에 제임스는 시계 값을 더 이상 감당할 여유가 없어서 경쟁을 포기하고 말았지요.

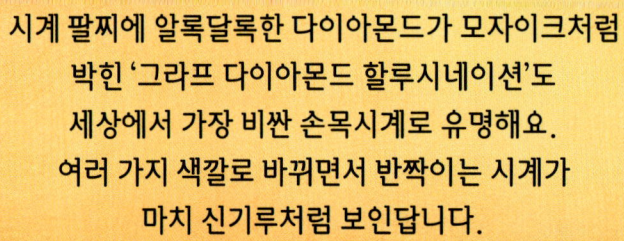

시계 팔찌에 알록달록한 다이아몬드가 모자이크처럼 박힌 '그라프 다이아몬드 할루시네이션'도 세상에서 가장 비싼 손목시계로 유명해요. 여러 가지 색깔로 바뀌면서 반짝이는 시계가 마치 신기루처럼 보인답니다.

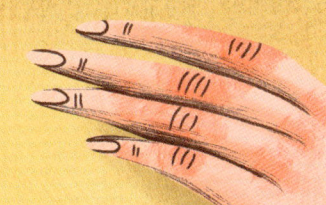

'쇼파드 201캐럿 시계'는 시계로서
제 기능을 못해요. 하지만 형형색색의 다이아몬드가
박혀 있어서 꼭 손목에 찬 브로치 같아요.

239개의 다이아몬드로 만들어졌고,
내부가 훤히 드러나는
'제이콥 앤드 코 빌리어네어 시계'는
2018년에 '반짝이는 것'을
좋아하는 미국의 복싱 선수
플로이드 메이웨더 주니어가 사들였어요.

'루이 모네 메테오리스'의 가치는 시계 내부 장치에
숨겨진 화성과 달의 파편 등 운석 조각에 있어요.
세상에 단 네 개만 존재하고,
시계마다 다른 운석의 표본이 들어가 있어요.

달력에 기록된 여러 가지 시간들

옛날에는 식물의 성장, 새들의 이동, 건기와 우기 등 자연 현상을 바탕으로 시간을 가늠했어요. 고대 이집트인들은 매년 나일 강이 범람하는 것을 보며 시간을 측정했지요.

이러한 현상들은 지구를 중심으로 회전하는 달의 운동과 태양을 중심으로 회전하는 지구의 운동에 따라 달라져요. 그래서 달력은 달의 모양이 변하는 주기에 따르는 음력과 지구의 공전 및 계절의 변화에 따르는 양력으로 나뉘어요.

지금은 전 세계적으로 양력을 쓰지만, 음력을 따르는 나라도 있어요. 우리나라도 일상생활에서는 주로 양력을 사용하지만, 명절은 음력을 따르지요. 베트남이나 중국도 우리와 비슷하게 양력과 음력을 모두 사용해요.

학자들이 발견한 가장 오래된 달력은 1만 년 전, 석기 시대의 고대 브리튼족이 만들었어요. 이 달력은 구덩이 열두 개가 50미터에 걸쳐 아치 형태로 늘어서 있어요. 달의 위치와 움직임을 나타낸 달력으로 구덩이 열두 개가 이루는 아치가 1년을 의미하고, 구덩이 하나가 한 달을 의미해요. 한 달은 열흘씩 세 부분으로 나뉘었고요.

바빌로니아인들이 마르두크 신이 만들었다고 믿었던 달력은
한 달이 28일씩 총 열두 달로 이뤄졌고, 1년은 약 336일이었어요.
그러나 머지않아 신의 실수를 확인한 제사장들은 몇 차례에 걸쳐
달력을 수정했지만 결국엔 그마저도 잊고 말았어요.

오늘날, 바빌로니아의 달력은 중요한 정보를 남겼어요.
특히 1주일을 7일로 정한 것이나 '아무것도 하지 않는 날'이란 뜻의
'토요일' 같은 요일명도 생각해 냈지요. 바빌로니아의 전통을 이어받은
유대인의 안식일이 토요일인 건 이런 이유에서랍니다.

율리우스 카이사르

교황 그레고리 13세

고대 로마 황제 율리우스 카이사르는
자신의 이름을 딴 '율리우스력'을 만들었어요.
한 달을 30일이나 31일로 정한
율리우스력은 2월을 28일이 아닌
29일로 세는 윤년도 적용했어요.
이후 1582년에 이르러
교황 그레고리 13세는 오랫동안 써 온
율리우스력을 보완하여 수정한
'그레고리력'을 선포했어요.
그레고리력은 매년 항상 같은 시기에
같은 계절을 맞이하게끔 정리하여
사람들이 달력으로 계절의 흐름을
알 수 있게 했어요.
지금은 세계 곳곳에서 거의 모두
그레고리력을 사용하지만,
정교회를 믿는 사람들은 율리우스력에
따라 교회 명절을 정하기도 해요.
그래서 크리스마스와 부활절이
우리가 아는 날짜와 다르답니다.

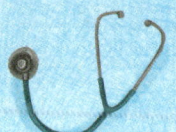

어느 시간에나 일하는 사람들이 있어요

네 살인 조카는 소방관이 되는 게 꿈이에요. 여러분의 장래 희망은 무엇인가요? 단, 직업에 따라 일하는 시간이 각각 다르다는 건 꼭 기억하세요!

대부분의 회사나 관공서에서는 오전 9시부터 오후 6시까지 일해요. 가끔 할 일이 많아서 일과가 끝난 뒤 늦게까지 회사에 남아 있기도 하지요. 물론 더 일한 만큼 돈을 받거나 시간을 모아 휴가를 받을 수 있어요.

회사를 운영하는 사람들은 회의도 많고, 메일함에 메일이 항상 가득 쌓여 있어요. 심지어 쉬는 날에도 전화를 받거나 노트북 앞에 앉아 있지요. 한마디로 24시간 내내 일하는 거예요.

하루는 낮에 일했다가 또 하루는 밤에 일하는 교대 근무도 있어요. 택시 기사, 기자, 광부 등은 휴일이나 명절에도 밤낮으로 일하곤 해요.

소방관이나 의사처럼 언제든 일터로 갈 수 있게 대기하는 직업도 있어요. 대형 화재나 충돌 사고가 나면 부상자를 구조하러 곧장 출동해야 하니까요.

밤에만 하는 일도 있어요. 갓 구운 빵을 배송 기사가 새벽에 상점으로 가져다줄 수 있도록 제빵사는 밤새 빵을 구워요.

기차 객실과 승강장을 청소하거나, 선로를 정비하고 기술 점검을 하는 사람들도 주로 밤 시간에 작업을 해요.

어린이책 작가는 언제 일을 할까요? 작가는 시간과 장소에 관계없이 일을 해요. 스스로 아이디어를 찾아 글을 쓰고, 책을 내 줄 출판사도 혼자 찾아야 하니 일하는 시간을 계산하기는 어렵지요. 단, 출판사와 약속한 '마감 시간'은 무슨 일이 있어도 꼭 지켜야 해요. 늦으면 큰일이 나거든요!

시간 여행을 상상해 보아요

과거나 미래로 시간 여행을
떠나는 상상을 해 본 적이 있나요?

1895년에 허버트 조지 웰스가 발표한
소설 『타임머신』의 주인공은 시간 여행에 성공해요.
주인공은 자신이 만든 기계를 이용하여
아주 먼 미래로 이동하고,
그곳에서 인류의 변이 부족인
엘로이와 몰록을 만나지요.
그렇지만 악과 불의가 지배하는
현대 문화에서 미래 인류의 불행을 보게 돼요.

영화 『백 투 더 퓨처』는 과거로 돌아가는 영화예요.
주인공인 브라운 박사는 '드로리안'이라는 자동차로 타임머신을 만들었어요.
그리고 박사의 친구 마티는 드로리안을 타고 10대인 부모님을 만나요.
예기치 않게 마티의 엄마가 마티를 좋아하게 되면서
자칫 두 사람의 미래가 바뀔 뻔했어요.

시간 여행은 많은 것을 배우고 느끼게 해 줘요. 마리아 크뤼거의 소설 『진홍색 장미의 시간』은 전쟁 후 열여섯 살 소녀 안다가 100년 전으로 돌아가 19세기 여성의 삶을 보여 줘요. 그리고 규칙과 규율, 전통과 결코 침범해선 안 되는 문화의 가치가 무엇을 의미하는지 알려 주지요.

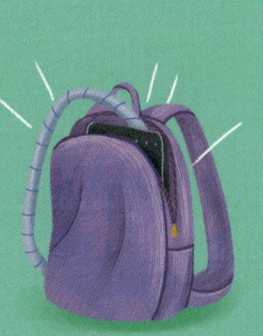

영화 「어제가 오면」의 주인공 시제이와 세바스찬은 시제이의 오빠가 죽자, 오빠의 죽음을 되돌리려고 자신들이 만든 배낭 모양의 타임머신을 통해 시간을 거슬러 올라가요. 영화는 시간을 되돌리면 세상의 운명에 영향을 줄 수 있다고 말해 줘요.

시간을 부르는 노래

사라지고 늙어 가는 것은 예술 작품에서 항상 다루는 주제예요.
그렇다면 음악에서는 어떨까요?

째깍째깍 시한폭탄 같은 노래

영국의 록 밴드 핑크 플로이드의 노래 「타임(Time)」은 참 독특해요. 다양한 시계 소리가 들리는 매우 긴 첫 부분으로 시작하여, 시한폭탄 소리와 쿵쾅대는 심장 소리로 이어지거든요. 이 노래는 인생은 아무도 때를 알려 주지 않으니 이유 없이 시간을 낭비하지 말라고 경고해요. 문득 정신을 차렸을 때는 시간이 훌쩍 흘러가 있고 그 시간은 돌이킬 수 없으니까요.

과거에서 온 노래

영국의 음악가 프레디 머큐리는 1991년에 세상을 떠났지만, 2017년 그의 목소리에 멜로디를 입힌 곡이 만들어졌어요. 이전까지 알려지지 않았던 「시간은 아무도 기다리지 않는다(Time Waits For No One)」는 머큐리의 목소리에 마이크 모란의 피아노 반주가 더해진 곡이에요. 데이브 클라크가 이 노래를 발견해서 한 번 더 녹음한 것이지요. 이 곡에서 반복되는 가사 '시간은 아무도 기다리지 않는다'의 의미를 곰곰이 생각하며 머큐리의 목소리를 감상해 보아요.

지나간 사랑 노래

미국 가수 신디 로퍼의 「시간 뒤의 시간(Time After Time)」은 아름다운 시간을 함께 보낸 남자 친구와의 이별에 대한 이야기예요. 시간이 흐를수록 두 사람의 사이는 점점 멀어지고 결국 이별의 시간이 다가왔어요. 슬픔에 잠긴 여자는 침대에 누워서 째깍거리는 시계 소리를 듣죠. 그러면서 시간은 거침없이 흘러가고 사람의 감정은 물론 모든 게 변한다는 걸 받아들여요. 시간에 대한 애절함을 표현한 이 곡은 권위 있는 음악상인 그래미상의 '올해의 노래' 부문 후보에 올랐어요. 또 전설적인 재즈 트럼펫 연주자 마일즈 데이비스가 이 곡을 리메이크하여 큰 인기를 얻었지요.

시간을 그린 그림

시간은 형태가 없지만, 시간을 재는 시계를 모르는 사람은 없어요.
눈에 보이는 사물로 존재하는 시계를 완전히 다른,
아주 놀라운 방식으로 표현한 그림을 살펴볼까요.

스페인의 괴짜 화가 살바도르 달리가 그린
「기억의 지속」속의 시계는 마치 눈처럼
녹아내리고, 치즈처럼 흐물거려요.
시든 나무에 매달려 있는 시계,
벽에서 흘러내리는 시계,
모양이 없는 안장처럼 생긴 시계,
개미가 밟고 다니는 회중시계.
그림에서 시간은 스며들고, 흐르고,
손가락 사이로 빠져나가요.
달리는 그림을 통해 인생에서
가장 중요한 것이 무엇인지 생각하게 해요.

무더운 여름날,
테라스에 앉아
카망베르를 먹던 달리는
치즈가 녹아 접시에서
흘러내리는 것을 보고
이 그림의 영감을 얻었대요.
흘러가는 시간을
뜨거운 햇살에 치즈가
녹는 것처럼
표현할 수 있겠다고요.

오스트리아의 화가 구스타프 클림트가 그린 「여인의 세 단계」는
여성의 일생을 세 단계로 나누어 표현해요. 성장기(어린 소녀)와
성숙기(아름다운 붉은색 머리카락의 여인), 그리고 늘어진 피부와
튀어나온 배와 하얗게 센 머리카락으로 묘사한 노년기로요.
노년기의 여성은 지나가 버린 시간과
다시 젊어질 수 없음에 손으로 눈을 가린 채 절망스럽게 서 있어요.
또 노인의 왼쪽에 보이는 금색, 빨간색, 검은색 같은
강렬하고 뚜렷한 색깔이 청순하고 부드러운 파란색과 비교되지요.
젊음은 순수하고 밝게, 늙음은 흐릿하고 어둡게 표현했어요.

새해 복 많이 받으세요

4세기 초의 교황 실베스테르 1세는 라테란 지하 감옥에 가두어 놓은 용 레비아탄이 깨어날 것이라고 예언했지요. 그리고 예언한 날, 자정이 되어도 용이 나타나지 않자 사람들은 거리로 뛰어나와 새해를 맞이하며 축하했어요. 그래서 기독교 국가에서는 매년 12월 31일 밤을 '실베스터'라고 부르며 사람들이 거리로 나와 춤을 추고 음식을 먹으며 흥겹게 보내요.

문화권마다 사용하는 달력에 따라 새해가 달라져요. 고대 그리스인들은 봄맞이와 동시에 새해를 맞이했고, 포도주의 신 디오니소스를 기리는 '디오니시아' 행렬을 준비했어요. 한국과 중국은 음력설을 쇠고, 유대인들은 9월 중순에 '로시 하샤나'라고 부르는 새해를 맞이해요. 인도와 동남아시아에서는 힌두력에 따라 10월 말에서 11월 사이에 새해를 맞이하지요.

새해를 맞이하면서 사람들은
새로운 결심과 계획을 세워요.
지난해의 그릇된 판단을
되풀이하지 않겠다는 반성과 의욕이 앞서
간혹 지나친 욕심을 부리기도 해요.
하지만 새해에는 모든 걸
새로 시작할 수 있다는 희망이 있지요.

고대 로마에서는
새해에 야누스 신을 기렸어요.
야누스는 두 얼굴을 가졌는데,
한 얼굴은 과거를 향해 있고
다른 얼굴은 다가올 미래를 향하고 있어요.
앞만 보고 지난 과거를
새까맣게 잊어서는 안 된다는 거죠!

미래에 일어날 일을 알아내요

만일 엄마가 엄청 좋아하는 꽃병을
깨뜨리지 않았더라면?
이미 일어난 일은 되돌릴 수 없어요.
그러니 과거의 일을 후회하는 건
아무 소용이 없지요. 그건 시간을
뒤로 물리길 바라는 희망일 뿐이에요.

과학자들은 과거와 현재에
일어난 사회 현상이나
자연환경을 분석하여
몇 년 뒤, 혹은 몇십 년 뒤에
일어날 일을
예측하기 위해 노력해요.
예를 들어 지금은
사람들이 플라스틱을
함부로 버리고
이산화탄소를 많이 배출해요.
이에 대해 과학자들은
훗날 나쁜 결과를
불러올 거라고
입을 모아 경고해요.

유행할 옷이나 디자인, 색깔 등을 예측하는 사람들도 있어요.
사람들의 욕구와 변화를 관찰하고 예측하는 것을 '트렌드 와칭'이라고 하고요.
이런 유행은 수명이 짧고, 언제라도 끝날 수 있어요.
시시때때로 변하는 일기 예보처럼요.

발명가이자 컴퓨터 프로그래머인
레이 커즈와일은 2030년까지
우리의 뇌를 포함하여 사람의 몸 안에서
움직일 수 있는 초소형 로봇인 '나노봇'이
만들어질 거라고 예상했어요.
또 2045년경에는 인간을 불멸의 존재로
만드는 방법을 알게 될 것으로 예측했답니다.

시간을 잘 지키는 사람들과 잘 어기는 사람들

친구들과 만날 때 약속 시간보다 일찍 나가나요?
학교에 갈 때에는 아슬아슬한 시간에
겨우 일어나서 급히 뛰어가나요?
여러분은 시간을 잘 지키는 편인가요, 잘 어기는 편인가요?

독일, 프랑스, 네덜란드, 일본 등의
문화권에서는 시간에 매우 엄격해요.
약속 시간에 늦으면 좋은 인상을 주지 못하고,
무례하다고 생각해요. 늦는다는 건
상대방의 시간을 존중하지 않는다고
여겨지기 때문이에요.

일본인이나 독일인, 폴란드인은
휴가를 가서도 유명 관광지를
빨리, 많이 보려고
발걸음을 재촉해요.
그런데 학자들은 항상 서두르는
사람이 심장병에 더
잘 걸린다는 걸 알아냈어요.

시간을 마치 고무줄처럼
자유롭게 여기는 사회도 있어요.
특히 더운 시간대에 낮잠을 자는
'시에스타'가 있는 라틴 문화권의
나라 사람들이 그래요. 그들은
마감 기한이나 약속 시간에 여유로워요.
길에서 아는 사람을 만나면,
급한 일이 있어도 일단은
카페에 자리를 잡고 앉는 걸 당연하게
여겨요. 그들은 지금 이 순간을 살아요.
그래서인지 시계를 들여다보지 않고
느긋하게 살아가지요.
상대가 늦어도 놀라지 않아요. 약속 시간에
딱 맞춰서 도착하는 것도 좋아하지 않지요.
상대방에게 약속을 강요하는 것으로
받아들여질 수 있으니까요.

금처럼 귀하고 약처럼 놀라운 것

폴란드의 마지막 왕인 스타니스와프 2세가 값비싼 천에 자신을 치켜세우는 시를 쓴 시인에게 '시간 낭비, 천 낭비'라고 꾸짖었어요. 이 말에서 '시간 낭비, 돈 낭비'가 떠오르지 않나요?

시간과 관련된 속담이나 격언도 많아요. '시간은 금'이라는 속담은 게으름을 피우는 시간에 돈을 벌 수 있다는 뜻이에요.

'시간이 상처를 치료한다'는 속담은 우리나라의 '시간이 약이다'와 같은 의미예요.

'숲이 불타는데 장미를 걱정할 때가 아니다'라는 말은 급한 일을 먼저 해결하라는 뜻이에요.

'행복한 사람은 시간을 재지 않는다'는 말을 들어본 적 있나요? 행복한 사람에게 시간은 중요하지 않다는 의미지요.

가족과 친척들이 모여 즐거운 시간을 보낸 적이 있죠? 오랜만에 만난 사촌들과 신나게 놀다 보면 금방 헤어질 시간이 되지요. 그럴 때 '시간이 쏜살같이 지나간다'라고 말해요.

매초, 매분, 매일. 시간은 계속 흘러만 가요. '시간과 바다는 가만히 있지 않으니까요.' 그러니 시간을 낭비하면 안 되겠지요?

옮긴이의 말

저는 친구들과 달리 생일을 음력으로 맞이해요.
다른 나라에서는 새해가 봄이나 가을에 시작하기도 한대요.
이처럼 모두에게 주어진 시간은 같지만 문화권에 따라
시간이 다르게 받아들여질 수도 있다니 흥미롭지 않나요?

책을 읽는 동안 마치 시간 속에 들어가 여행을 하는 것 같았어요.
다양한 주제의 시간 이야기에 흠뻑 빠져 시간 가는 줄 몰랐다가,
저도 모르게 휴대 전화를 만지작거리다 뜨끔하기도 했답니다.
과연 여러분의 호기심을 채워 줄 시간 이야기는 무엇일까요?
여유롭게 이 책을 즐겨 보아요!

글쓴이 모니카 우트닉
폴란드 바르샤바 대학교에서 폴란드 문학과 이탈리아 문학을 전공했어요. 오랜 시간 기자로 활동했고, 인테리어 잡지의 편집자이기도 해요. 제2의 고향 이탈리아를 딸에게 소개하고 싶어서 『맘마미아, 이탈리아』로 작가 데뷔를 했어요. 지은 책으로 『냄새』, 『더러워 : 냄새나는 세계사』(빅북), 『씬 짜오, 베트남』 등이 있어요.

그린이 아그니에슈카 소자인스카
폴란드 오폴레 대학교 예술학부를 졸업했어요. 어릴 때 화가가 되는 꿈을 꾸었어요. 지금도 어린아이처럼 어린이책, 무민, 어지르기, 초콜릿을 굉장히 좋아해요. 손과 컴퓨터 기술을 활용해 그림을 그려요. 좋아하는 흑백 그림을 자주 그릴 때는 그림에 색을 입히는 것이 두려웠어요. 하지만 지금은 다양한 색으로 그리길 좋아해요. 그린 책으로 『냄새』가 있어요.

옮긴이 김영화
한국외국어대학교에서 폴란드어를 공부했어요. 옮긴 책으로 『냄새』, 『오바, 우크라이나』, 『더러워 : 냄새나는 세계사』(빅북), 『놀라운 동물 건축가의 세계』 등이 있어요.

똑딱똑딱, 시간이 흘러가요

초판 1쇄 펴냄 2023년 12월 15일
글쓴이 모니카 우트닉 **그린이** 아그니에슈카 소자인스카
옮긴이 김영화 **펴낸이** 박남숙

펴낸곳 (주)소소 첫번째펭귄 **출판등록** 2022년 7월 13일 제2022-000195호
주소 03961 서울특별시 마포구 방울내로9길 24 301호(망원동)
전화 02-324-7488 **팩스** 02-324-7489 **이메일** sosopub@sosokorea.com
ISBN 979-11-979592-2-6 73400

The original title: Czas, czyli wszystko płynie
written by Monika Utnik and illustrated by Agnieszka Sozańska
ⓒ Copyright by Wydawnictwo Nasza Księgarnia, 2023
All rights reserved.
Korean translation rights ⓒ SOSO Ltd. 2023
Korean translation rights are arranged with
Wydawnictwo Nasza Księgarnia Sp. z o.o. through AMO Agency, Korea.

이 책의 한국어판 저작권은 AMO 에이전시를 통해 저작권자와 독점 계약한 ㈜소소에 있습니다.
저작권법에 의해 한국 내에서 보호를 받는 저작물이므로 무단 전재와 복제를 금합니다.

제품명 어린이 도서 **제조자명** (주)소소 첫번째펭귄 **제조국명** 대한민국 **사용연령** 5세 이상
주의사항 종이에 베이거나 긁히지 않도록 조심하세요. 책 모서리가 날카로우니 던지거나 떨어뜨리지 마세요.
KC마크는 이 제품이 공통안전기준에 적합하였음을 의미합니다.